Él
Gran
Espíritu
Divino

J. Ben. Avil.

BENAVIL
ESTUDIO

Él Gran Espíritu Divino

Él Gran Espíritu Divino

Copyright 2024, by J. Ben. Avil.

Primera edición: junio 2024

Cañete, VIII Región, Chile

Registro de propiedad intelectual

N° 2023-A-8465

ISBN: 9798854634335

Independently published

Edición Gráfica y Literaria, Ilustración de Portada, Estilo y Ortografía por

JBENAVIL ESTUDIO SpA

Impreso en Chile/Printed Chile

Una Edición de:

www.jbenavil.com

Índice

Introducción

Él Gran Espíritu Divino, nos habla del poder Divino que habita dentro de nosotros, nos dice que Dios habita dentro de nosotros y se realiza a través de nosotros.

Para lograr la realización absoluta del Ser, debes conectar con las leyes que rigen el universo para moldear nuestra propia realidad y conseguir éxito en la vida que deseamos.

Capítulo 1
Génesis

"Créate a ti mismo, antes que alguien te cree a ti y con ello, te imponga una vida que no quieres".

J. Ben. Avil.

La vida hacia la realización del Ser, se debe comprender desde la existencia en su totalidad, comprendamos primero que vivimos en

mundo externo guiado por distintas religiones en la que los distintos seres de este mundo se sienten parte he identificado con alguna de ellas, mientras que otros no.

Yo por mi parte, no creo en ninguna religión, sin embargo, creo en Él Gran Espíritu Divino que conocemos como Dios, las bases y fundamentos están en este libro como guía ante tanta información y muchas veces hasta imposiciones de fe sobre el Ser.

No pretendo tampoco llevarte a creer lo que yo creo, cada quién tiene todo el derecho y libertad de hacerse a sí mismo como ley Divina impuesta desde los principios de la creación.

Es sabio reconocer los pasajes de la Biblia en general, pero lo que no te dicen es que Dios no nació siendo un Dios como tal, sino que este se hizo a si mismo con la acción de la creación.

La vida misma, es una metáfora del primer libro de la Biblia, escrito por Moisés según la tradición normal, ya que también, se cree que tuvo una incontable participación de Autores anónimos a largo de la historia.

Este ni siquiera era un libro de los primeros tiempos, sino un prólogo del primer libro de Moisés, el Éxodo. Que explicaba como ellos, como pueblo de Israel había llegado hasta Egipto para luego ser liberados por Dios.

Tampoco ninguna religión te dice que la Biblia está conformada por varios libros seleccionados, editados, maquetados por humanos y publicados a conveniencia de distintas religiones, es por esta razón, que en la actualidad existen tantas Biblias dando vueltas y unas con más o menos libros integrados.

Mientras que, por otra parte, existen otros libros, también referente a Dios, que no fueron seleccionados por ninguna religión y son llamados libros "Apócrifos".

Las iglesias no los reconoce como libros santos, solamente porque ellos lo dicen, el problema es que estamos acostumbrados a una sociedad del "Que hacemos", si no nos dicen que hacer, que creer, simplemente nos olvidamos de la razón, de la contemplación y nos quedamos en blanco esperando una guía.

Cuando deberíamos vernos a nosotros mismos como parte de un todo, el cual podemos dilucidar con el uso independiente de nuestra razón.

El Ser humano responde a la variabilidad de su pensamiento, es por eso que existen tantos ideales, dogmas, religiones, etc. Que acondicionan al Ser,

a sentir en ellos una representatividad en el ambiente en el que se desenvuelve.

Esta representatividad se le conoce por distintos nombres como nicho social, tribu urbana cultura, etc.

Si fueras de un país y fueses a otro, notarias la diferencia de cultura, pero es allí, en que tú, como Ser, está en un ambiente en el que no te desenvuelves normalmente, es por esta razón, que te parece todo tan extraño, pero, sin embargo, para aquel que vivió allí toda su vida, es algo normal.

De la misma forma funcionan todas las relaciones humanas, dime con quien andas y te diré en que te convertirás.

Si miras al que a tú lado, y ves a alguien que no quieres ser, deberías alejarte de allí, porque este, no es más

que un reflejo tuyo de lo que serás o quizás, de lo que ya eres.

Todas estas cosas son parte de la palabra del Gran Espiritu de Divino, en la Biblia se pueden encontrar dos leyes fundamentales de la existencia externa y una ley fundamental de la existencia interna; y está es la razón de porque existen religiones más extremistas que otras, y así fue que la humanidad comenzó a dividirse unos contra otros.

Las leyes externas son Dos, y trascienden la palabra de Dios, ya que fueron sometidas a la interpretación humana.

Esta son la ley del antiguo testamento y la ley del nuevo testamento, y ambos testamentos componen lo que conocemos como la Biblia.

Este antiguo y nuevo testamento es una división de Cristo, pues fue aquí donde nació Jesús, quien como dijo:

- *No vine a traer paz, sino división.*
  Lucas 12:49

Entonces todos los testimonios antes de la llegada de Jesús a este mundo externo, se llaman antiguos testamentos y todos los testimonios dados después de llegada de Jesús a este mundo externo, se llama nuevos testamentos.

Y es por esta misma razón que algunas religiones no creen en que Jesús es el llamado mesías que se anuncia en el antiguo testamento, ya que este, según sus escritos, debía traer una era de paz y unión y no división.

Dentro de estos testamentos, ahí distintas reglas impuestas al hombre para periodos de la historia diferente, algunos obedecen las leyes del antiguo testamento, que suelen ser más extremistas, y otros obedecen las leyes del nuevo testamento.

Lo que llaman Torá, no es más que los cinco libros del antiguo testamento que conocemos los de lengua hispana, así que, si estas leyendo el antiguo testamento, en realidad estas leyendo la Torá traducida al español, lo que se conoce por las religiones de este continente como el pentateuco, mientras que el Tanaj, es la Biblia hebrea completa y esta a su vez, es todo el antiguo testamento.

La Torá, se traduce literalmente como La Ley, y para las religiones que la obedecen, no hay más ley.

El nuevo testamente se escribió mucho tiempo después, y narra la vida, obra y crucifixión de Jesús de Nazaret, y fue escrito en lengua hebrea o aramea según estudios no concluyentes hasta el día de hoy.

Y su nombre viene de un nuevo pacto, o una nueva ley por lo que la Biblia hebrea y el nuevo testamento componen la Biblia que la mayoría conocemos hoy en día.

De estas dos leyes, nacen todas las facciones y brazos de las distintas religiones, y todas comparten una ley interna.

Que es La Ley de Dios, que fue la única ley que el dicto realmente en el monte Sinaí, que son los diez mandamientos.

Yo personalmente vivo bajo estas leyes, alejado del punto de vista de las

religiones, estas leyes son energía del propio universo creadas para retroalimentarte como Ser, la obediencia a estas leyes, te permitirá abrir flujos de energía positiva que te permitirán llevar una vida feliz y llena de éxito.

Estas fueron entregadas por ÉL Gran Espíritu de Divino, luego que el hombre no comprendiera el preámbulo de la creación misma.

La fuente del propósito de la vida yace en la interpretación de estas líneas, el problema es, que si las ves desde la interpretación de cualquier religión, verás lo que ellos quieren que veas, mientras que si lo haces desde el fondo de tú interior, comprenderás que Él Gran Espíritu Divino, te entrega a ti, como Ser libre e independiente, el poder de construir tú propia vida y tú éxito a través de la obedecía de sus

instrucciones entregadas como metáforas deliberadas, llamadas también parábolas, para que tú puedas llevar la vida que desees.

Ahora que ya sabes de forma general el mundo en el que estas, quiero que, desde este punto, olvides toda creencia de Dios en ti que te hayan inculcado, olvida durante esta lectura tú religión y solo acepta que hay un Dios, que te puso en este lugar por una razón, y por tal, Él está de tú parte, y lo único que quiere, es que te fructifiques y te multipliques cumpliendo la ley que nos impuso a todos los seres por igual.

Capítulo 2
El alfa y el omega.

"Todo comienza y termina contigo"

J. Ben. Avil.

Él Gran Espíritu Divino se hizo así mismo, y nosotros debemos, aquí en este planeta, hacernos a nosotros mismos porque descendemos de Él.

Todos saben que, al principio de los tiempos, no había nada, pero eso es, digamos... una mentira, existía aquel que llaman Dios, que para ese entonces aún no se hacía así mismo como Dios.

La tierra estaba vacía y desordenada, Él vagaba en la faz de las aguas y las tinieblas estaban sobre la faz del abismo.

Podemos decir que había tierra, agua, un abismo en las tinieblas y eso, en realidad no es nada.

Él tenía los componentes básicos para hacerse así mismo un Dios, y es la misma forma en la que todos estamos en este mundo, al principio creemos que no tenemos nada, pero miramos a nuestro alrededor y podemos ver que tenemos a nuestro alcance los recursos básicos para generar la absoluta realización de nuestro Ser.

Pero al Gran Espíritu Divino le faltaba algo, aquello detonaría una reacción en cadena para la creación, entonces hizo la luz y fue la luz que dio paso a la creación.

Esa luz, para nosotros es aquella idea que nos llevará a la realización, Él Gran Espíritu Divino te está diciendo que solo necesitas una idea para tomar todos recursos que tienes disponible para crearte a ti mismo.

En el fondo de tú conciencia esta esa idea en la faz de tus pensamientos, en las tinieblas de tú mente podrás dilucidar un destello que te incentiva a buscar la respuesta que necesitas, pero muchos cometen el error en buscar esa respuesta en el mundo externo, cuando el Dios hayo la luz en la soledad de la expansión.

Cuando estes a solas en tú interior, encontraras esa luz, esa idea

que tanto buscas y cuando la tengas, comenzarás a realizarte a ti mismo, a vivir la existencia desde tú propia luz, porque podrás percibir también, que esa idea de negocio, de realización, de sueños vida, de visión será bueno para ti en gran manera y así, separarás de tu luz de las tinieblas.

Esas tinieblas es aquel ambiente en el que hasta entonces te desarrollas, amigos que no te llevan a nada, drogas, alcohol y hombres y mujeres carente de amor buscado arrebatarte el alma por un momento de compañía sin verdadero amor, allí están las tinieblas y cuando encuentres tu luz, te separaras de todas estas cosas, de tus amigos, buscaras el amor verdadero más que el sexo sin sentido y comenzarás a trabajar en ti, en tú idea y todo aquello que sea bueno para ti en gran manera.

Por eso Él Gran Espíritu Divino llamo día a la luz, y noche a las tinieblas.

Si puedes ver el mundo más allá de percepción, te darás cuenta que los seres de éxito, hacen justamente lo mismo, se alejan de las tinieblas y se concentran en su luz.

Se alejan de la noche y se concentran en su día.

Hacen de su luz, su idea, su propósito de vida, y este propósito lo hace ser exitosos y así se crean a sí mismos, de la misma manera que Él Gran Espíritu Divino se creó así mismo cuando hayo en Él su luz.

Allí será la tarde y la mañana de tú primer día de tú vida y tú creación.

Separó Él Gran Espíritu Divino las aguas e hizo expansión entre ellas, y creo una expansión entre ellas, y a las

aguas que estaban sobre la expansión las llamo cielo.

Para nosotros, esta separación de agua, es división de nuestra propia vida, y la expansión es nuestra visión de lo que queremos lograr, la cual es también, nuestro cielo, nuestra máxima realización como Seres con propósito de existencia.

Las aguas de abajo, es tú antigua vida, en ella te hundirás y ahogaras si vuelves hacia atrás.

Aquí es donde fijas tus líneas, de aquí para arriba hasta donde Él Gran Espíritu Divino diga, o te permites llegar a tu cielo, o te hundirás en tus aguas, dependerá plenamente de la obediencia a sus leyes impuestas para la vida que más adelante te expondré para que puedas conseguir tu máxima realización.

En esta línea, en esta decisión que debes tomar, será la mañana y la tarde de tú segundo día bajo tu propia creación.

Junto Él Gran Espíritu Divino las aguas que quedaron debajo del cielo, y descubrió lo seco y la reunión de agua los llamo mares y a lo seco le llamo tierra. Ordeno que la tierra diera hierba, que esta diera semilla, la semilla diera árbol, el árbol que diera fruto según todos los géneros que fuese posible en la tierra.

Del mismo modo, en tu vida, debes seleccionar aquellos amigos o familiares que dejaste debajo tu línea, aquellos que sirven, para que juntos puedan tener un piso más sólido, una buena tierra, para sembrar su semilla, su idea, para que crezca de esta el árbol que se riega con la constancia del Ser, para generar el fruto deseado según sea

las semilla sembrada, y cuando tengas tu plan de negocios o tu plan de realización creado según tu idea, con el apoyo de aquellos que rescataste de todos los otros que dejarás atrás, será la mañana y la tarde de tu tercer día de tu propia creación.

Creo Él Gran Espíritu Divino lumbreras en la expansión para separar el día de la noche, a la mayor para el día y la menor para la noche, para que sirviese como señales y separe las estaciones, así también creo las estrellas para separar la luz de las tinieblas.

Cuando creas o desarrollas una idea de negocios, o te emplazas en tú realización como un conjunto, es decir, con la colaboración de otros. Es difícil separar la amistas o la familia de la verdadera visión, o cuando, en alguna reunión de trabajo, se está yendo hacia la luz, o se está perdiendo en las

tinieblas, por eso debes estar atento a las señales que se te presentan en la vida, porque será su identificación la que ayude a generar las acciones correctas para no perderte en las tinieblas.

Generalmente, en reuniones de amigos que comenzaron una empresa, por ejemplo, se suele compartir un coctel, que no tiene nada de malo, lo malo está en la cruzar la línea, y llevar la reunión a un trasnoche en las tinieblas, lo que seguramente te hará perder gran parte de la utilidad de esa empresa. Por eso debes evaluar constantemente a los que te rodean para saber si estos te llevaran a la realización o lo más hondo de las aguas que habías dejado atrás, para eso son las estrellas, del mismo modo que en la escuela, cuando alguien se porta bien, le dan una estrellita y para el que no, ninguna estrellita, estas estrellas te

ayudaran a separar la luz de las tinieblas.

Si algún socio no tiene ninguna de esta, lo mejor es dejarlo ir antes que te arrastre consigo. Cuando sepas evaluar a quién quieres a tú lado y tengas el valor de decidir quién seguirá contigo, será la mañana y la tarde de tu cuarto día de tú creación.

Ordeno entonces, Él Gran Espíritu Divino que produjesen las aguas seres vivientes y aves que vuelen sobre la tierra, en la abierta expansión de los cielos y así los creo y que las aguas produjeron. Fructificando y multiplicando para llenar las aguas en los mares.

En nuestra creación personal como seres ¿Quiénes son las aguas? Son todas aquellas personas que dejamos atrás, entonces estamos hablando de contratar personal, para que produjesen

los distintos productos y servicios que naces desde nuestra visión, para que se materialicen y vivan y se transen en la sociedad.

Esta sociedad son los mares, debes realizar productos y servicios que sirvan a esta sociedad, que sean producidos por ellos y para ellos para así fructificar y multiplicar.

Cuando te conviertas en un servidor de la humanidad y tus productos y servicios que ofrezcas en tú realización sean producidos por otros y adquiridos para ellos, será la mañana y la tarde de tú quinto día de tú creación.

Dijo también, Él Gran Espíritu Divino, produzca la tierra seres viviente, creo a todo bestia sobre la tierra, también creó al hombre, a su imagen y semejanza de Él nos creó, para que predomine sobre la tierra, sobre los mares y sobre los cielos.

Y nos bendijo, nos ordenó que nos fructifiquemos y multipliquemos, y la tierra era nuestra por voluntad de ÉL Gran Espíritu Divino para nuestra realización.

Cuando ya hayas creado la base de tú realización, aquí podrás expandirte hacia otras facciones o mercados, abrir franquicias o lo que desees para fructificarte y multiplicarte, estas grandes empresas son las que Él llama bestias, y cuando puedas poseer estas bestias, será la tarde y la mañana de tú sexto día de tú creación.

Él, es el Él Gran Arquitecto del Universo, Él se hizo así mismo Dios, y a su imagen nos creó, por eso nosotros debemos hacernos nosotros mismos, porque de Él venimos y para Él vivimos.

Así fue que comenzó Dios, igual que un gran empresario o el hombre más rico de Babilonia, lo hizo cuando era joven, sembrando la semilla correcta y con el tiempo se creó así mismo, y se convirtió en lo que hizo para Ser, más si no hubiese hecho nada, nunca hubiese sido un Dios, porque Dios no nació, Dios se hizo con los pasos de cada día, con las decisiones de su presente, mirando hacia el futuro, de la misma manera que el hombre más rico de Babilonia, comenzó invirtiendo una sola moneda, antes de poseer su gran riqueza.

Finalmente, ÉL Gran Espiritu Divino, ahora hecho un Dios, vio su obra, y el séptimo día reposó, porque fue allí que termino toda su obra, y santificó ese día y lo bendijo por los ciclos de ciclos.

Por lo que antes de ayudar a otros, primero ayúdate a ti, y cuando tengas toda tú obra realizada, se bueno en gran manera, y da la mano a quién lucha en su expansión, porque esta es regla de Dios para mantenerse en bendición por los ciclos de ciclos.

Cuando estes en la capacidad de ayudar a otros, y decidas ayudar en gran manera, será este tú séptimo día de tú creación.

Si puedes ver, verás que muchos millonarios que ya han hecho su obra, donan grandes cantidades de su riqueza a la caridad, crean fundaciones sin fines de lucro para que Dios así, lo sigan bendiciendo por los ciclos de los ciclos.

Servir a la humanidad es crearte a ti mismo, y todo comienza por ti, tú eres el alfa y el omega de tú propia creación, aseméjate a Él Gran Espiritu Divino,

como Él a nosotros y se el arquitecto de tú propio universo.

Capítulo 3
Las leyes de Dios.

"La existencia se expande a través de fuerzas que solo el Ser en sincronía con su realización comprenderá".

J. Ben. Avil.

Existen fuerzas en el universo donde nosotros como seres mortales nos desarrollamos, estamos sujetas a

estás creamos en ella o no. No es algo que este a discusión, Él Gran Espíritu Divino no dejo mucho al azar para la creación.

Cuando creo este mundo, junto con todos lo demás, noto que era su pensamiento el que proyectaba su realidad, así como nosotros soñamos despierto, del mismo modo Él proyectaba la existencia, en consecuencia, si deja de proyectar esta realidad, está ya no existirá, así como cuando nos olvidamos lo que estábamos pensando cuando alguien nos interrumpe en nuestro razonamiento.

Es por esta razón que dijo, que el día que se materialice como tal en la tierra, este será el fin para nosotros, pues nuestra realidad dejará de ser proyecta de su pensamiento.

Por eso no entiendo a los creyentes cuando viven pidiendo el

retorno de Cristo, ¿Acaso ellos están listos para ser juzgados?

Antes de pensar siquiera si estas listo o no, debes saber que de nada te servirá vivir arrodillado en una iglesia, si saliendo de esta eres un mal ser humano.

En lo personal, las peores personas que he conocido en mi vida, me han dicho que son cristianos, por eso, no culpo a Dios, culpo a los dogmas del prejuicio que establecen derechos de juzgar a otros bajo una vaga percepción de lo que es la verdadera palabra.

Muchos creyentes pueden pasar años en sus evangelios y aun así no leen su Biblia, los que lo intentan no comprenden las metáforas o parábolas de Dios y otros solo escuchan la interpretación de un Ser que puede o no estar correcta.

Es por esta razón que muchos creyentes no entienden porque pasan su vida castigados por Dios, diciendo _ "Primero vine la prueba, luego la bendición". Mientras que otros se preguntan porque a él que no a pisando una iglesia le va mejor que a mí que estoy en la presencia de Dios todos los Domingos.

Pues acaso estos creyentes no han oído hablar de omnipresencia del Gran Espíritu Divino, creen que Dios, solo los va a ver cuándo van a la iglesia el Domingo.

Yo soy creyente, pero no creo en la iglesia, ni en ideales de los hombres impuestos bajo un sistema social.

Creo que estamos aquí sometidos a leyes universales que facilitan la retroalimentación de Él Gran Espiritu Divino con el Ser, con cada uno de nosotros, no creo en un Dios allá arriba,

creo en el Dios que vive dentro de nosotros y que se realiza a través de nosotros.

Debes conectarte con la fuente para llegar al Sion, esa supuesta ciudad que las religiones llamadas también la nueva Jerusalén, la tierra de David, allí aspiran todos a llegar y dejar a tras este mundo de pecado, cuando deberían limpiar el pecado del mundo y hacer de este la nueva Jerusalén.

Dejar atrás el odio, el prejuicio y forjar la comunión de todos los seres aquí en la tierra que Dios hizo para nosotros, pero se encierran en templos que su propio Dios destruirá al final de los tiempos para juzgarlos.

He visto a muchos creyentes matar a Seres, no ha sido en carne, pero si en espíritu, al juzgarlos, ¿Crees que el Ser que ha sido juzgado pondrá un pie en tú iglesia?

Cuando uno juzga, bajo la consigna de un dogma, no representa al dogma ni a la religión, representa a Dios, y es por esta razón que son los creyentes los que más son castigados por la ley de Dios.

Y es que estos, en su fanatismo, son juzgados por Él. Y es que Él Gran Espíritu Divino ordenó, caminar en Dios ni a la diestra ni a la siniestra de Él.

Ni tan creyente, ni tan ateo sino más bien sabiendo, que Él está viendo, no desde arriba, sino a través de ti, es por esta razón que Él, conoce hasta tus pensamientos.

Inútiles serán tus horas de oración arrodillados en el templo, si las vestiduras de tu templo están sucias, porque Dios te entrego vestiduras blancas como la nieve, para tu templo, que será el templo de Dios.

Y ese templo, donde vive Dios, es tú cuerpo donde habita tú Ser, y este Ser es esencia y extensión de Él.

Esta son las leyes fundamentales de Dios

1. Amar al Gran Espíritu Divino por sobre todas las cosas, porque amándolo a ÉL, te amarás a ti mismo por sobre todas las cosas. Este amor no debe ir al cielo, ni a una iglesia, sino a el templo de Dios que es tú cuerpo, antes de dar amor al mundo, amate a ti primero y de esta ley fundamental se extienden todas las demás leyes del universo.

   Cuando cumples esta ley, no puedes quebrantar ninguna otra, ya que las demás leyes, nacen del quebrantamiento de esta ley.

2. No tomarás el nombre de Él Gran Espíritu Divino en vano, ley de Dios que establece la independencia y libertad de cada Ser, el libre albedrio establecido para la realización de cada Ser he impone el derecho de a la variabilidad y biodiversidad humana.

Es un hecho que fuimos creados iguales, pero no para ser iguales, todos somos diferente y no puedo entender esa obsesión de querer formarlos a todos así o asa como si debiésemos ser todos igual.

Cuando cumples la primera ley fundamental dc Dios, te amaras a ti mismo, tal cual y como eres con tus imperfecciones, respetarás tú tiempo, y con ello, aceptarás a los otros con sus imperfecciones y respetaras también sus tiempos y sus pensamientos, porque son pensares también de Dios, porque de Él son todas las cosas, y preguntarás

primero antes de imponer, y tomar el nombre del Dios que habita en otro Ser en vano, porque esta ley no habla del nombre Dios ni juramento, sino habla de no hablar por otros, ni dar por hecho lo que otro quiera hacer.

3. No debes hacerte imagen ni semejanza de lo que está arriba en el cielo, ni abajo de las aguas, ni rendirás culto, ni te arrodillaras sobre ellas, porque Él es Él Gran Espíritu Divino. Castigador y misericordioso, que no habita arriba, ni debajo de las aguas, ni en imagen ni semejanza, ni en templos del hombre, sino dentro de ti, desde done castiga la maldad y bendice al que guarda sus leyes.

Cuando cumple la primera ley fundamental de Dios, no buscas nada afuera de ti algo que sea "Divino", sino que ves la Divinidad en tú interior, comienzas a servir a la humanidad y

hacer tu obra, extendiendo tú amor al mundo.

4. Acuérdate de Él Gran Espíritu Divino cuando Él te de la bendición en tú séptimo día.

   Cuando cumples la primera ley fundamental de Dios, abras hecho buena obra en gran manera a través de tus seis días de tú creación, cuando seas bendecido, ayuda a otros con el mismo amor que diste al pasar los días y las tardes de todos tus días, y así el Gran Espíritu Divino será santificado y tú seguirás viviendo para el resto de tú vida el séptimo día.

5. Honra a tú padre y tú madre porque en ellos, también habita Él Gran Espiritu Divino viviendo la una realización humana a través de ellos.

   Cuando cumples la primera ley fundamental de Dios, comprenderás

que amar a todo Ser en el mundo es fundamental, incluso a aquellos que te hacen daños, ya que, en la experiencia humana, somos también víctimas de fuerzas pasadas, "tú padre es cruel, porque lo fue tú abuelo con él, y así fue criado". Así, estos casos los comprenderás, y sabrás ejercer el perdón y amarlos y de este modo, tú tendrás el poder de romper ese ciclo con tus propios hijos, que son retornados de Él Gran Espiritu Divino a la tierra para vivir otra experiencia de realización.

mismo modo, si cuidas de tus padres, le estarás enseñando a tus hijos que ellos deben cuidarte a ti en tu vejez, y así forjaras una generación de seres de bien, porque es de esta manera, que Él Gran Espíritu Divino se cuida así mismo en cada etapa de su realización.

6. No matarás a Él Gran Espíritu Divino que habita en otro Ser, porque él es parte de Dios, parte de ti, y parte de todos.

Cuando cumples la primera ley fundamental de Dios, no puedes vivir en odio en lo absoluto, ni mucho menos someterte a actos de violencia.

Sin embargo, esta sexta ley puede quedar obsoleta bajo las mismas leyes de Dios, por la ley fundamental de Dios de amar a ÉL por sobre todas las cosas, Él también habita dentro de ti, si alguien quiere matar al Dios de tú interior debes amarte a ti por sobre todas las cosas, incluso si debes matar para defender tu vida, que es vida de Dios también.

7. No serás impuro para Él Gran Espíritu Divino.

Cuando cumples la ley fundamental de Dios, no tienen

ninguna necesidad de hacer daño a otros ni mucho menos a ti mismo, es por esto que esta ley habla de no traicionarte a ti mismo y de no percibir el amor como algo externo a ti.

8. No serás injusto para ÉL Gran Espíritu Divino.

Cuando cumples la ley fundamental de Dios, comprende lo difícil que es para otros llevar la propia existencia, por lo cual no te permites aprovecharte de otros, ni dejas que otros se aprovechen de ti.

Esto quiere decir que no robas, no cobras de más, ni vendes y ni ofreces servicios en desacuerdo a lo pactado, no te aprovechas de la condición de otros ni sacas partido de la vulnerabilidad de los demás.

9. No juzgarás a otros que son también Él Gran Espíritu Divino.

Cuando cumples la primera ley fundamental de Dios, comprenderás que cada quién tiene su proceso, que es un propósito de realización de Dios en ese Ser y como tal, no te atreves a juzgar ni dar falso testimonio de otros que viven su realización a otro nivel del que tú estás.

Esta es la última ley de Dios, y su quebrantamiento es lo peor que puedes hacer en tú existencia, ya que esta te arrastra a las tinieblas de la infelicidad.

Genera una reacción en cadena que te vuelve el anticristo, y te hace retroceder en la realización, hasta el odio mismo.

Mira cómo se retrocede al quebrantar esta ley, que muchos creyentes quebrantan.

Cuando juzgas, dejas de ser justo, y la injusticia te hace impuro al traicionarte a ti mismo, así sigues juzgando y terminas matando, no en carne, pero si en espíritu, enseñándoles a tus hijo la deshonra de sus padres, ya que este, siguiendo tu ejemplo, después te juzgara a ti, y forjaras una generación que nunca tendrá su séptimo día de bendición y para obtenerlo, comenzarás a buscar a Dios en cada iglesia, en cada imagen y escultura, para que los perdone y los bendiga, y te ofrecerás y con esto ofrecerás a otros para supuestos actos de Dios, tomando el nombre de otro en vano sin antes preguntarle poniéndolos entre la espada y la pared para "servir" a Dios. Pero Él Gran Espíritu Divino está en ti, y como no la aceptas en tú interior nunca te amarás finalmente y vives bajo la consiga del arrepentimiento eterno, esperando una tierra prometida que

podría llegar a ser esta propia tierra, si tan solo fueras diferente y te amaras a ti.

Si puedes darte cuenta, son técnicamente los propios mandamientos que se exponen en las distintas Biblias, pero estas leyes no fueron hechas para guiar a dogmas ni religiones sino para la realización del Ser.

Estas leyes fueron doblegas por estos dogmas, para referir a sus intereses institucionales, más Él Gran Espíritu Divino no se puede contener en estas, pues como sabes habita en todos nosotros y es omnipresente y trasciende todas las cosas.

De ellas depende el éxito en tú vida, tú realización está sujeta a la comprensión de estas leyes, y activarlas para ti y vivir en ellas, detonará en ti un poder oculto, aquel que posee Él Gran

Espíritu Divino que habita dentro de ti y que tú como Ser, puedes usar a tú favor en el mundo externo.

Capítulo 4

Nuestro poder oculto.

"A semejanza de Él Gran Espíritu Divino fuimos creados, en ti yace la misma divinidad de la que provienes"

J. Ben. Avil.

He mencionado anteriormente la metáfora del libro del Génesis, como un instructivo para llevar nuestra propia

vida en la tierra, más aún, de esta también nace la propia creación que es ejemplo de nuestra creación o realización personal.

Buscar entonces los días que nos conducen al éxito siguiendo la dirección impuesta por Él Gran Espíritu Divino, porque estos son días de Seres terrestres, los días de Dios son mil años de existencia terrenal.

Entonces podemos decir que el universo fue creado en seis mil años, los cuales todo ese tiempo necesito Él Gran Espíritu Divino para hacerse así mismo un Dios.

Del mismo modo, el éxito en tú realización, no pasará nunca de la noche a la mañana en un día.

Pero hay en ti un poder oculto, el que nace de la esencia de Él Gran Espiritu Divino que habita dentro de ti.

Debes comprender que tú no eres más que una extensión para su existencia, así como Él, proyectas tú existencia, creas y destruye a voluntad de la bondad que hay en tú corazón.

Procurar entonces, sembrar bondad en el corazón de tus hijos, para que hagan el bien en gran manera.

Quizá te estarás preguntando ahora, como fue que Dios llego a habitar en tú interior, pues fue aquí que te creo para ÉL, porque de Él son todas las cosas.

Él Gran Espiritu Divino nunca fue materia, sino espíritu, ese Espíritu Divino, es conciencia universal y su energía se despliega en la expansión. Esa energía es la proyección de la realidad, y esa realidad es conciencia siendo consciente de sí misma.

Cuando esa consciencia universal se hizo consciente, creo un mundo para Él, un habitad para desenvolverse y desarrollarse como Ser; pero cuando intento habitar el mundo de materia, su realidad se desvaneció en la expansión.

Porque el Espíritu Divino, que es energía pura, no puede volverse materia sin un cuerpo de materia que lo contenga.

Fueron así sus primeros días de realización, porque Él no nació Dios, sino que se hizo, con prueba y error, así como nosotros a semejanza de Él nos hacemos.

Más primero debía existir la metería, para que fluyera a través de esta toda su energía.

Esa conciencia universal es toda la mataría de la expansión, son pensares de Dios, y fluye por toda esa materia su

energía que conecta la totalidad de la expansión, más Él quería experimentar su realidad, pero su pensamiento que la creaba debía mantearse vivo para que la propia realidad existirá.

Y he aquí que creo al primer Ser viviente, un cuerpo de materia que contendría su energía para experimentar a través de este, su realidad.

Y este cuerpo, no fue el Ser humano, este fue el último modelo creado, el que evolucionó a través de las experiencias que desarrollo en los distintos ambientes en que se desenvolvió en sus primeros días.

Primero creo el Ser más simple que podía imaginar para moverse en la existencia, y así fue que nació Él Gran Dragón Blanco, que se movía por toda la expansión de este universo.

Y forjo Él Gran Espíritu Divino su primer modelo de existencia, y este fue la base para todo mundo en que entro a experimentar la vida por primera vez.

Y en todos los mundos hubo dragones de distintos tamaños, así como el nuestro, hay serpientes y seres que evolucionaron de este primer modelo.

Porque Dios fue probando muchos modelos, hasta buscar el modelo más perfecto para desenvolverse en el entorno que deseaba experimentar la realidad.

Fue así creado todo el reino animal, peces que se desenvolvían en las aguas, aves que se desenvolvían en los cielos y bestias que se desenvolvían en la tierra y en su misericordia, a los modelos que dejo atrás, le dejo vivir con su esencia, para experimentar a través de ellos su existencia. Y así compartió

con ellos, parte de su Espíritu y su consciencia universal para vivir a través de ellos. Y estos también evolucionaron, según su género y su ambiente, y se crearon a sí mismas para que Él Gran Espíritu Divino retornara en sus crías, y pudiese seguir viviendo todas las experiencias de vida posible, por los ciclos de ciclos.

Otras, en mundo lejanos, en otras habitaciones de la casa del Dios, que es el universo. También fueron creados Seres similares a nosotros los humanos, pero estos con características propia de su propio ambiente en el que se desenvolvían.

Ese primer modelo dio paso a la primera civilización de la existencia, y de esta descendieron a los que llaman Draconianos, y de estos a los que llaman Reptilianos.

Aquí en este mundo, Él Gran Espiritu Divino creo al hombre y a la mujer a su imagen y semejanza, que era la imagen que tenia de sus experiencias en este ambiente en particular, otorgándonos lo que él creía que necesitaríamos para desarrollarnos como un modelo completo para nuestra existencia, para que este, predomine por sobre todos los otros modelos que dejo atrás.

Y así como hay animales únicos aquí, también los hay en otros mundos, del mismo modo que hombres y mujeres aquí, también los hay en otros mundos.

Conectarse con toda existencia, para seguir el camino de Dios, nos permite visualizar la vida como una red universal entrelazada por la energía del Espíritu de Dios.

Este es el poder oculto de todo Ser predominante en cada mundo, ese poder en energía es el que puedes usar para desarrollarte mejor en este plano de materia.

Así podrás usar la energía que contiene tú cuerpo, y fluir sin ninguna barrera material, hacia cualquier flujo de energía que desees seguir en la existencia.

Y así el hombre y mujer fueron creados en este mundo, con las capacidades necesarias para desenvolverse y reproducirse para traer hijos o nuevos modelos que contengan la energía Divina para el eterno retorno de Él Gran Espíritu Divino.

Así pues, desde los primeros días de Dios, Él divide una parte de su Espíritu y es depositada en cada cuerpo que nace, para a través de esta nueva

existencia en el universo, Él pueda desarrollarse en su totalidad.

Así es que Dios vive dentro de ti, dentro de todos y todos somos uno con Él y nos usa para llevar a ÉL toda experiencia de existencia posible, la cual es guardada en Los Registros Akáshicos para fines de la propia existencia.

Capítulo 5
Registros Akáshicos.

"Todas las soluciones a tus problemas están contenidas en tu interior"

J. Ben. Avil.

Como seres que percibimos la realidad en el mundo externo, estamos acostumbrados a buscar toda la

información que necesitamos en este mundo.

Sin embargo, las grandes ideas y soluciones a todos los problemas están acopiadas en una fuente ilimitada de retroalimentación del Ser.

Así como hoy tienes un problema, alguien en algún momento del pasado de la existencia, se vio sometido a los mismos problemas, en consecuencia, pasada su existencia, esta solución fue llevada a lo que llamamos registros Akáshicos para ser guardadas a disposición de quien la necesite.

Del mismo modo, todas aquellas ideas no materializadas también, permaneces allí y comúnmente son entregadas a hombres capaces de su realización aleatoriamente por un tiempo determinado.

Cuando alguien tiene una idea ya sea de negocio o un gran producto y no la materializa ni le dice al universo que está trabajando para ella, eventualmente es deliberadamente trasladada hacia quien pueda hacerlo.

Por eso podemos ver que cuando alguien tiene una gran idea y otro la realiza, dice:

- "Yo tuve es idea primero" o "A mí se ocurrió primero".

Pero el universo propio está sometido a la acción de la vida, por lo que, si no haces nada por esa idea, será entregada a otro para su realización.

Esta idea nace de la conciencia humana, a través de las necesidades de las masas para desenvolverse

continuamente de mejor forma con su entorno.

Esto lo conocemos como progreso, pero no es más que adaptabilidad al entorno.

Todo aquello que nos facilita la vida nos impulsa a desenvolvernos de mejor manera en nuestro entorno y son estas ideas que generalmente termina volviendo millonarios a muchos seres, a través de la solución de problemas de nuestro entorno.

Por eso debes asegurarte, si quieres tener éxito monetario, que tu servicio o producto apunta a la solución del desarrollo del entorno en el que tus clientes se desenvuelven.

Esta la importancia del estudio de mercado, y establecimiento de nicho de negocios.

Darte una dirección clara del entorno en que se desenvuelven tus clientes y lo que necesitas para mejorarlo.

Cuando alguien dice:

- Ojalá alguien podría inventar esto

Esa idea va hacia los registros Akáshicos, y se acumula hasta generar la cantidad suficiente de proclamación para enviar la idea a la persona que la materializara.

En consecuencia, todo lo que existe es por la acción del pensamiento humano y la ejecución en su entorno.

Toda idea está sometida a la acción para su materialización, cuando quieres realizar un negocio o una idea, piensas hasta que nace una idea, pero

en realidad, está es la forma de conexión con tales registros Akáshicos más simple y común que podemos dilucidar.

Primero tu percepción externa se conecta con tu alma, para otorgar sentimiento al pensamiento de percepción, y este se conecta a tu yo inferior, o tu yo interno, que es esencia de Él Gran Espíritu Divino que habita dentro de ti para su realización, este yo interno se conecta a tú yo Superior, que es a la vez, Él Gran Espíritu Divino, cuando le traspasas ese pensamiento con la emoción correspondiente a este, este busca una respuesta en los registros Akáshicos según las experiencias pasadas guardadas de otros seres para entregarte la respuesta correcta.

Esta retroalimentación Divina, puede ocurrir por inercia y en tan solo

segundo sin que nosotros las podemos percibir siquiera.

Sin embargo, para tener libre acceso a esta retroalimentación, es indispensable controlar cada aspecto de nuestro Ser en cada una de nuestras existencias.

Aunque solemos creer que nos movemos en el aquí y el ahora, la verdad es que somos seres multidimensionales, y existimos en distintos planos a la vez a través de la red de energía Divina que se proyecta en la expansión del propio universo.

Para los seres que buscan la evolución existencial, pueden acceder a estos a través de la meditación, en el umbral del sueño profundo, hay una ventana hacia el desprendimiento astral, aquí podrás sacar la esencia del Él Gran Espíritu Divino y habitarlo

conscientemente con la razón de tu yo inferir.

Siendo energía Divina, podrás trasportarte a cualquier área del universo proyectado a través del seguimiento de cualquier flujo de energías que tomas para dirigir tu viaje.

Debes tener total control de tus emociones, ya que tan solo un desequilibro de esta, te hará retornar de golpe a tu cuerpo material.

En el plano astral, podrás acceder a la civilización que allí habitan, civilizaciones que evolucionaron igual que tú, sin embargo no aconsejo el contacto directo con este grupo de seres, generalmente no te ayudaran ya que entienden que cada Ser, está en su propio camino de evolución, por lo cual la mayoría te ignoraran, ya que estos comprenden que solo eres la conciencia de la existencia en tan solo un

momento, que está contenida en un cuerpo de materia para la realización de Él Gran Espíritu Divino.

Y hay otras civilizaciones que, si te pueden ayudar, y te pueden guiar, aunque esta responsabilidad recae en un guía universal, que es llamado tu Ángel de la guarda.

Generalmente es un observador de tú comportamiento y por lo general, como todo Ángel del cielo, no es agradable de ver.

Sí, lo primeros Seres de la existencia, no son lo que podríamos llamar muy lindos, que digamos, esto es porque la materia para ese entonces, aun no tenía forma y se contuvo en ella, una parte superior de la energía Divina que debía corresponder a la materia que la contenía.

Esta razón, determina la jerarquía y poder de los Ángeles, la energía depositada en sus cuerpos de materia.

Mientras que, por otra parte, como seres humanos, estamos sometidos a percibir la belleza como un modelo establecido por la masa social que lo acepta como tal, pero son estos mismos Ángeles y Arcángeles, que me han enseñado que la verdadera belleza de los Seres, está en su Alma.

Generalmente tu Ángel de la guarda, te dará temor, y este miedo impedirá que salgas de ti.

Muchas personas, mientras duermen, y en insomnio llegan al umbral de la venta astral, pueden ver a un Ser a su lado mirándolos, este es tú Ángel de la guarda, te causa miedo porque es su trabajo hacer que permanezcas aquí en la realización.

También es el mismo que te somete a estrangulamiento corporal y parálisis corporal o más conocido como parálisis del sueño, cuando no estas listo para el plano astral.

Sinceramente, el plano astral es un lugar peligroso, allí es donde pueden poseer tu cuerpo, ya que si dejas el cuerpo que pude contener tu energía, este puede ser ocupado por otra energía y en el plano astral, hay uno plano superior y un plano inferior.

Sí, es un mundo completo y diferente que veremos con más detalle en el siguiente capítulo, por ahora debes saber, que estando allí, puedes ir libremente a los registros Akáshicos y solicitar la información que necesites para desarrollarte como persona, aunque, si aquí en el plano material, no tienes los recursos para ejercer alguna idea que obtuviste, seguramente no te

servirá de nada y esta idea finalmente será llevada a otro que si tenga los recursos, por eso es importante existir también en este plano.

Ejemplo, si quieres ser millonario y vas a los registros Akáshicos y sacas una idea de negocio para facilitar el trasporte intercontinental, no te servirá de nada si ni siquiera tienes la posibilidad de comprarte un vehículo en tu realidad.

Finalmente, el propio universo te la arrebatará y se la dará a otro, por lo que, si decides seguir tal flujo de energía, asegúrate de solicitar aquello que pueda estar a tú alcance, como solicitar las palabras precisas para escribir un libro que permita a seres escalar la existencia para aportar a su constante evolución y desarrollo.

Para los seres, que no acostumbran a seguir esta evolución, y

sus deseos estos más sujetos a la acción de una idea, es imperante, que, si quieren que esta retroalimentación universal le llegue de forma más optima, solo debes quedarse un tiempo a solas y esperar la respuesta en su interior.

Para esto, se debe primero tener claro lo que se está pidiendo, este puede ser una idea de negocio o una solución a un problema personal.

Siempre y cuando se tenga claro lo que se quiere se os dará lo que se necesita desde los registros Akáshicos.

Para aquellos que quieres saber más de la vida astral, en el siguiente capítulo se podrán hacer una idea de lo que es nuestra existencia.

Capítulo 6

Nuestra vida astral.

"Cada Ser es consciente de su existencia en el plano en el que se realiza como tal, he inconsciente del plano externo a su realidad".

J. Ben. Avil.

Quizás nunca te has preocupado de esto, al menos que tengas una poco de evolución en ti; pero todos los seres

de este planeta son conscientes y tienen pleno uso de su razón, según su propia realidad en la que se desarrollan.

Un León en consciente que debe cazar para vivir, y para eso evoluciono con las características que le permiten realizarse en su ambiente, del mismo modo una presa es consciente de que el León es su depredador, y por eso evoluciono de la forma que le permitiese ir más rápido que el León para huir.

Estos modelos de vida, fueron un día modelos contenedores de Él Gran Espíritu Divino, al cambiarlos por otros mejores para desarrollar su experiencia, les permitido permanecer en la existencia en su realidad, con la esencia de ÉL y haciendo uso de razón de su entorno.

El universo permitió un equilibro entre ambas habilidades entre presa y

depredador, para que la existencia de ambas partes pueda coexistir, ya que estas se necesitan unos a otros, aunque no lo parezca.

¿De qué le sirve a la presa el depredador? Para que esta presa no rompa el equilibro del ambiente en el que coexistimos todas las realidades en pleno uso de sus consciencias.

Si eres capaz de observar, más allá del acto de cazar, podrás ver que las presas son herbívoras, si no existiera el depredador, la hierba seguramente se acabaría, y terminaría con ello la realidad consiente de los insectos, los cuales son inconscientes de la realidad de los animales.

Si los insectos se acaban, también la polinización de la tierra, por lo cual la realidad consiente de las plantas y árboles también se acabaría, atentando

hasta la realidad consiente en la que habita el Ser humano.

Todos estamos conectados y cada uno tiene parte en las distintas realidades que se desarrollan a nuestro alrededor, aunque cada realidad suele ser inconsciente de la realidad del otro.

Nosotros ignoramos que los animales tengas consciencia, pero ellos son conscientes que, para sobrevivir a su entorno, unos deben ser presa y otros depredadores; estos animales conscientes son a su vez, inconsciente de la realidad de los insectos, porque su realidad se realiza en otra escala menor en la que se desarrollan ellos.

Una hormiga no huye cuando se topa con un León.

Los árboles y plantas también son conscientes, ellos se comunicas por el subsuelo a través de una red global de

raíces entrelazadas llamada Micelio que les permite sobrevivir unos a otros, pero son inconscientes de todas las demás realidades. Estas no comprenden porque el hombre los tala o porque son presa de las presas de los animales, sino que responden a su entrono del mismo modo que un insecto, un depredador o una presa.

Cada uno de los reinos naturales de esta tierra es consciente de su propia realidad y suele ignorar las demás.

Es igual para el ser humano, cree que es el único Ser consciente en el planeta, pero la verdad es la consciencia universal vive en distintas dimensiones, incluso fuera de este propio mundo.

Y fuera de este mundo también hay Seres que ignoran por completo nuestra realidad consciente como Seres humanos, considerándonos incluso, parte de la realidad de los animales.

Ya que los seres que predominan allá afuera, en su gran mayoría, son Seres evolucionados los cuales perciben la consciencia en todos los planos de existencia en el que cada Ser se desenvuelve y son precisamente estos Seres, que consideran "Seres Dignos" solo aquellos capaces de percibir la realidad como ellos, descartando a todos los demás seres por debajo de su escala evolutiva.

Considerándonos, por ende, Seres en proceso de evolución, lo cuales, como regla universal, no pueden ser intervenidos en su proceso de realización, ya que solo, en este punto, es que el universo nos evoluciona o no descarta como parte de su existencia.

Mientras que los demás, son depredadores generalmente y aunque poseen tecnología más avanzada que nosotros, no suelen ser menos o más

humanos que nosotros mismos y es justamente eso que los hace peligrosos para el Ser humano.

Así que para aquellos que han vagado en los compendios del universo como energía, no suele ser una buena idea que científicos estén enviando señales a diestra y a siniestra.

Mas importante aún es saber a quién se las están enviando, a presas o a depredadores.

Quizás te parezca extraño, pero, así como hubo casos de canibalismo en este mundo, también los hay allá afuera, generalmente es a causa del entorno en que todo Ser se desenvuelve, que orilla a estos seres a cometer atrocidades, asesinatos, etc.

No creas que allá afuera es diferente, hubo una vez en esta misma galaxia, una civilización que perdió el

equilibro de su propio planeta, solo las más altas jerarquías de esa civilización pudieron hacer algo para evitar la extinción de su raza, ellos construyeron una nave espacial en donde podían sobrevivir.

Sin embargo, no encontraron planeta idóneo para su desarrollo ya que ellos habían evolucionado para adaptarse a un planeta que ya no existe, como tal, este planeta tenía características únicas para ellos y no pudieron encontrar otro igual.

Con el paso del tiempo en órbita, el alimento comenzó a escasear, y una de las opciones viables para su sobrevivencia fue la recolección de su propia sangre, las cuales les brindaba las vitaminas y minerales necesarios para permitirse sobrevivir, así se adaptaron a ese nuevo entorno de alimentos, sus cuerpos adelgazaron y su

piel se puso cada vez más blanca por la pérdida de sangre de sus habitantes en esa nave, ya que la sangre de todo Ser se recupera, pudieron sobrevivir gracias al procedimiento continuo y controlado de recolección de sí mismos

Para cuando lograron encontrar un planeta idóneo para ellos, las generaciones de esa civilización que ya había nacido iban a la tercera generación de la que salió en un principio del planeta, y estos ya se había adaptado en su totalidad a ese estilo de vida, razón por la cual ya no podían alimentarse de nada más que de sangre.

Descubrieron entonces, cuando llegaron a un nuevo planeta, que los habitantes que allí vivían eran compatibles consanguíneamente, razón por la cual se infiltraron entre esa civilización y logaron crear a escondidas de ellos, un banco mundial de

recolección de sangre bajo pretextos gubernamentales de la organización de ese planeta.

Con el único propósito de darle una oportunidad de existencia en el universo a su raza.

A cambio de información y tecnología de ellos, los altos mandos de este nuevo planeta que encontraron, se les permitió quedarse a las sombras de la sociedad que habitaba ese planeta.

Como Él Gran Espíritu Divino también experimenta la realidad a través de la realización de ellos, Él no toma partc cn lo que pudiese pasar en la realidad misma, sino que la creación o destrucción depende de nosotros, ya que en nosotros yace el poder de la realización y la destrucción.

Toda esta realidad pasa en el plano material de la existencia de todos

los seres que aquí estamos en este universo.

Esta existencia es determinada por el ambiente en el que estas especies viven, desde el principio, lo que ha predeterminando en gran manera esta evolución de Él Gran Espíritu Divino, es la distancia en que a sus modelos de existencia le llega la luz Divina, que es el sol.

Este irradia energía vital que permite la vida, y así como en este mundo, permitió al Ser humano evolucionar, en otros mundos permitió la evolución de otra especie.

Imagina que aquí en la tierra hay 16 mil especies distintas antes del Ser humano, como aquí el sol está, digamos a unos 20 kilómetros de distancia de la tierra, su luz detono la evolución de una Lombriz marina hasta que alcanzó su mayor grado de evolución que es el ser

humano, esta luz Divina, permite ala adaptabilidad de los modelos que utiliza Él Gran Espíritu Divino para desarrollarse, y que este predomina sobre todas las demás 15.999 especies que no evolucionaron a nuestro grado a causa de la distancia que el sol estaba de nuestro planeta.

Es decir, la luz que reciben todos los modelos permite la evolución del modelo más apto para la realización de Dios a través de ese modelo.

Del mismo, allá afuera, existe 16 mil planetas y en cada uno ellos habitan las mismas 16 mil especias que aquí, sin embargo, el sol en cada uno de esos planetas esta más o menos cerca de cada uno de ellos.

Esa diferencia de luz, detono la evolución de otra especie en esos planetas.

Es decir, si aquí evolución la Lombriz a su máxima escala posible terrenal, allá con una diferencia de absorción de luz Divina, evolución por ejemplo, una Lagartija, y en otro planeta con otro variabilidad de luz un Gusano azul, y en otro planeta con una distancia del sol más lejana una Matiz religiosa y otro, con otra diferencia de luz un Escarabajo, o un Perro, un Gato o un León y así sucesivamente hasta encontrar en la expansión un sinfín de especies humanoides muy parecidos a los animales que aquí habitan, pero estos a una escala humana de su existencia.

Por esta razón podemos encontrar seres Reptilianos que evolucionaron de la Lagartija, Grises que son Gusanos evolucionados, Pleyadianos que son Gusanos azules evolucionados, los Urmah que son Gatos evolucionados,

los seres Insectoides que son insectos evolucionados, etc.

Él Gran Espiritu Divino usa todos estos modelos evolucionados en su entorno para desarrollarse en cada habitación, porque la casa del Dios tiene varias habitaciones y todos somos unos con Él.

Todas estas razas incluyendo a los Seres humanos, deben cruzar el umbral de evolución que le permite la conexión universal con la consciencia Divina.

Aquellos Seres que lograron esta evolución viven en el plano Astral y perciben la realidad misma como parte de un todo, de un proceso sucesivo de eventos que permite un propósito universal.

Así fue la creación del Ser humano, ensayo y error hasta llegar al Ser mas óptimo que permítase una

buena adaptabilidad a su entorno según la luz que absorbe del propio universo.

Era importante que te dijese todo aquello que te encontraras allá afuera si decides dar el salto al plano astral, los seres humanos tienden a creer que los seres evolucionados nos ayudaran, pero la verdad es que les importamos muy poco y la verdad, es que para el universo solo somos otra civilización que está en el punto en el que o evoluciona o se extingue.

Sea cual sea el resultado, el universo y Él Gran Espíritu Divino seguirán experimentado la existencia a través de otros seres.

Sin embrago, en el plano astral no necesitas tú cuerpo, así que si el planeta se extingue al menos tu podrás seguir la existencia desde el plano astral y aquí nos encontramos otro tipo de especies.

Las multidimensionales, y estas viven en el bajo astral, medio astral o en el alto astral.

Todo depende a la vibración en que su energía vibre para ese entonces.

En el bajo astral podrás encontrar Arcontes, Gusanos, Larvas Astrales, Las sombras y hasta lo que llaman Demonios. Generalmente aquí llegas luego que Él Gran Espiritu Divino deseche tu espíritu como Ser por falta de propósito con el propio universo, veremos más de esto en el último capítulo del eterno retorno de los seres con propósito. Este lugar es el que llaman infierno, o la faz de abismo.

Aquí quedan todas las almas cuyos espíritus fueron desechados al bajo Astral en espera de la muerte verdadera, que es exclusión de la realización Divina.

Hay un punto medio donde habitan las almas en espera de un retorno.

Hondaremos más sobre esto en el capítulo 8 sobre vivir en Dios.

Y luego está el alto astral, aquí viven los realizados, espíritus errantes, Ángeles y hasta los Arcángeles hasta el único Eón de luz que puede ver a Él Gran Espíritu Divino, que es Metratón. Él es el único semi Dios que existe en toda la existencia y solo hasta Él se puede llegar como seres del plano del alto astral.

Este plano astral se divide en niveles de Eones de luz, y solo puedes pasar a través de ellos con las vestiduras correctas.

Esta vestidura es el aura de tú propia alma y espíritu y entre más brille, más Eones y entre más Eones

puedes pasar por mayores jerarquías y podrás alcanzar a los niveles más altos.

Esta jerarquía no constituye poder alguno ni para el alma ni para el espíritu.

La jerarquía esta predispuesta desde los principios de la existencia y no ha cambiado mucho desde entonces, ya que cuando Él Gran Espíritu Divino creo la primera existencia, como dije anteriormente, le otorgo mayor energía a estos primero seres que ahora son Ángeles y Arcángeles, y por ende, gozan también de inmortalidad Divina de la misma manera que Él Gran Espíritu Divino, en cuanto a Metratón, desde los niveles de los Arcángeles hacia abajo le temen y creo que tiene potestad de mandato divino para ser su palabra la voz del propio Gran Espíritu Divino.

Sea como sea, solo lo conoces si este te llama a su presencia, ya que ni

los Arcángeles pueden llegar he ir a verlo sin antes pedir una especie conducto regular para estar ante su presencia.

Esto es lo que te vas a encontrar en el plano astral; para llegar al plano, solo lo puedes lograr a través de una etapa en el sueño consciente, antes de caer en sueño profundo.

Existe una ventana en la cual comienzas a percibir una vibración exacerbada en todo tú Ser, allí tú cuerpo se dormirá, pero tú mente seguirá consciente.

Ese es el momento preciso para desprender tú alma y espíritu para atravesar al plano astral.

Estos planos astrales no están allá arriba en el cielo, sino que existe en este mismo plano, pero en otra dimensión, por lo que cuando logres desprender tú

alma, seguramente te sentaras en tu cama y te veras a ti mismo durmiendo, por otra parte, está el Ángel de tu guarda, que seguramente te dará miedo verlo por primera vez, pero debes acostúmbrate a que no eres la única forma de vida que existe ni mucho menos la más perfecta que hay.

Así, de apoco podrás ir controlando este poder oculto dentro de ti, comenzaras a dar una vuelta por tú dormitorio, luego volaras por tu casa, saldrás a la calle y al final te atreverás a ir más lejos hasta los cielos mismos y hasta donde te alcance tu control.

Mi consejo es que te dirijas a los registros Akáshicos para encontrar más sabiduría ya que por los demás seres no puedes hacer mucho y ni ellos harán algo por ti, pero sería bueno que llegarás a buscar más información para tú realización, solo debes pensar a

donde quieres ir y el flujo de energía Divina te guiará.

Cada vez que pierdes el control, serás retornado de golpe a tú cuerpo, es normal en los primeros inicios de evolución.

Mi consejo, es que no vayas tan lejos en los primeros inicios, ya que, verás, la mayoría de los seres humanos tienen en su interior un dolor, una pena, una decepción amorosa, un miedo, etc.

Para poder alcanzar el máximo nivel, debes desprenderte de todas estas emociones que te hacen vibrar bajo.

Y he aquí el problema, porque a muchos se les sube el muerto como se dice, o ven un Gato negro arañándoles la cara, etc.

Una mala experiencia astral, y es que estos, se desprenden de su alma,

vibrando bajo y, por ende, llegan al bajo astral y es aquí donde puedes ser infectado por una Larva Astral o hasta poseído.

Por eso, primero controla tus emociones y despréndete de todo miedo, para que puedas vibrar alto y cuando lo hagas, llegarás al alto astral y tu experiencia será más grata.

Cuando digo alto astral, o bajo astral, no hablo de profundidad ni altura, sino en me refiero a frecuencia.

Llegar al alto astral, es llegar a la dimensión astral donde los seres vibran más alto que los demás. Y así del mismo modo, para el bajo astral, que es el plano dimensional de seres que vibran bajos.

Capítulo 7

El poder de la fe.

"Toda acción del hombre, nace gracias a la esperanza que nos otorga la fe, sobre esta".

J. Ben. Avil.

Nadie en el mundo inicia nada, creyendo en que no lo va a lograr. Todos tenemos esa semilla de esperanza en nuestro Ser, y es que

nacemos con las capacidades universales de desarrollarnos en este ambiente y ejecutar las acciones que creemos correctas para nuestra realización.

Si tú fueras Él Gran Espíritu Divino y crearas un universo para ti, y para habitarlo necesitarías un modelo que te permitiese desarrollarte en tú realidad proyectada, y a través de estos vivir todas las vidas posibles; seguramente no te gustaría encontrarte contigo mismo en otro Ser, te reconocerías y terminarías haciendo una vida similar al Ser.

La única forma, para que Él Gran Espíritu Divino vivera todas las vidas posibles, es permitirse existir sin memoria alguna de lo qué es, ni de dónde vine, ni qué hace aquí.

Y es así como el Él Gran Espiritu Divino vive dentro de nosotros, sin

memoria de lo qué es, de dónde vine o por qué está aquí.

Y esas mis más preguntas, nos consume la consciencia como seres humanos, llegamos a este mundo sin saber quiénes somos, de dónde venimos y por qué razón estamos aquí.

Con el único propósito de que Él Gran Espíritu Divino pueda desarrollarse independientemente y libremente de cualquier otro Ser en la existencia.

Permitiendo al Ser, como individuo, responder a la variabilidad de su entorno, para así, desarrollarse a través de una gran diversidad de personalidades forjadas a través de la interacción con el ambiente en que nos desarrollamos desde que nacemos.

Es por esta razón que nuestro destino, está sujeto al lugar de donde

venimos, por suerte para todos nosotros, también nos podemos construir a nosotros mismos.

Ya que esa misma individualidad, nos permite como Seres, predisponerlos a nuestra propia existencia.

Aquel que vive por inercia, solo nace, mientras que el construye su propia vida, se hace así mismo después de nacer.

La esencia que de ÉL Gran Espíritu Divino que habita como espíritu en nuestro ser, se comunica a través de los sentimientos del alma, y esta te guía desde la mente.

Actuaras a tu entorno según como te sientas, si te estas construyendo a ti mismos, mientras que cuando dejas que otros te construyas, actuaras según como estos te hagan sentir.

Como puedes ver, hay dos formas de comunicación de tú realidad, desde el exterior hacia tú interior, donde las acciones de los demás, y el mundo externo determina como te sientes, y estos sentimientos guían tú vida desde que los aceptas como verdad.

Por esta razón aquellos seres que son criticados, por como son, por su pelo, por sus ropas, por donde vienen, por su complexión física, por su color de piel, y un montón de intereses sociales nacientes de la percepción de la estupidez humana, no consiguen mucho en la vida, ya que suelen aceptar esto dichos externos como una verdad y esa verdad es vuelve tú realidad, porque el Ser se lo cree, se desanima y finalmente no hace nada.

Ante esto, ante todo lo que te han dicho, lo mejor es asumir que todo es mentira, no existe un modelo ideal, no

existe una piel ideal y no existe un lugar ideal de nacimiento, no existe el Ser perfecto ni siquiera el propio Dios, ya que este se está haciendo así mismo a través de nosotros.

Cuando aceptas que todo es mentiras, comenzarás a usar esas mis palabras como impulso para no decaer en el sentimiento que te desmotiva, y en vez de deprimirte por lo que te dice, te motivas a demostrar lo contrario.

Esta fuerza, se llama fuerza de conversión de creencia, te han dicho que no eres suficiente, bien, no llores, demuestra que eres más que capaz.

Te han dicho que eres feo o fea, bien, la cara o el cuerpo siempre pueden mejorar, pero las verdaderas bellezas de las vestiduras están en el alma.

Te han dicho que tú piel es negra, bien, al menos no eres blanco, puedes

perder cuidado del sol, este siempre brillara a tu favor.

Lo importante de la fuerza de conversión, es contradecir la mentira con una verdad, solo así le dirás a tú mente y está a tú espíritu que los demás están equivocados y no tú, por ende, terminas alejándote de todas esas personas y si tienes hijos los crías para que no sean como ellos y así forjas la segunda comunicación de la existencia, que es la comunicación que deberías tener.

La comunicación que debería tener para desarrollarte, es desde tú interior hacia tú exterior, donde son tus sueños personales, tus metas y aspiración las que predeterminan tú estado de ánimo y estas te guían hacia la acción.

Cuando te comunicas desde el interior hacia tú exterior, en realidad

estas en una constante comunicación con Dios, donde te impulsa a realizar tus sueños, a través de los sentimientos que genera cada realización de meta, cada paso que das hacia tu sueño te hace sentir orgulloso, satisfecho y feliz, y esto ocurre porque tienes un propósito y ese propósito es el propósito de realización de Él Gran Espíritu Divino, por ende, estas en equilibrio con tú naturaleza Divina.

Aquí es donde las puertas se te abren, cuando sabes que todo es posible y cuando el propio universo te da las ideas y soluciones correspondientes que necesitas en ese preciso instante, solo debes pedirlo.

Esa semilla de motivación, es lo que todo el mundo ya fe, y la fuerza más poderosa de todas las fuerzas, no es una palabra, ni un pensamiento y ni un sentimiento. Sino un estado de

existencia donde permanentemente crees en ti y lo capaz que eres de lograr todo lo que te propongas.

Está fuerza que habita dentro de cada Ser que cree en sí mismo, no puede estar fuera de ti, no puedes tener fe en que otro lo haga, o que Dios actúe, porque no lo hará, debes tener fe que Dios te de la sabiduría a ti, para que creas en ti y para que seas tú él que actúe y soluciones todo aquello que pides.

Lo primero, ante todo, es creer en ti, luego te desarrollas atreves de este estado en el que comienzas a vibrar, porque finalmente, tú eres energía Divina contenida en un cuerpo de materia, esta materia fluye por resonancia que es vibración, toda materia se crea, se construye, cambia o se destruye según a la vibración que sea sometida.

Cuando logres vibrar alto, podrás llegar a la frecuencia de existencia correcta que cambiará tu realidad, por eso es importante no discriminar ni juzgar a nadie, porque estas palabras te llevan a lo más bajo de la vibración de la existencia, por eso estas personas son infelices, andan enojadas y son consumidas por un oído que no comprenden, y es que son presas de sus palabras; debes alejarte de ellos y no ser parte de ellos, alejarte de la gente negativa y comenzar a vivir tú existencia con plena felicidad de lo que eres.

Si vas a decir algo, hazlo para bien, para agradecer, para destacar, para apoyar para que también seas presas de tus palabras y estas hagan la resonancia elevada que necesitas.

El gran secreto de la existencia, es comprender tú energía, elevar su

vibración a través de la acción para sí, existir en la frecuencia correcta y todo se proyecta a través de tú fe.

Al hacernos a nosotros mismos, nos estamos realizando, pero esta realización está regulada por leyes universales que se desprenden las leyes de Dios. Bueno, en realidad no se desprende, sino que son las mismas leyes de DIOS, pero en la acción de su ejecución universal, las podemos traducir como leyes universales.

Todos somos sometidos a estas leyes, sin seres especiales ni exclusividad en todo el universo, simplemente regulan toda la existencia y son la interpretación de estas mismas leyes, las que usa Él Gran Espíritu Divino para determinar si desechar tú alma como Ser por tu comportamiento ante estas leyes, negándote el retorno de la existencia. O favorecerte con el

retorno para permitirte experimentar la existencia otra vez, ya sea consciente o inconsciente según cual sea tú posición para ese entonces.

Vivir bajo estas leyes, es vivir en Dios.

Capítulo 8

Vivir en Dios.

"Vivir en Dios, es pertenecerse a sí mismo, pues fue Él quien nos hizo libres".

J. Ben. Avil.

Las anteriores 9 leyes de Dios que te presente, se traducen en las circunstancias precisas que necesita realizar cada Ser para vivir en Dios.

Como ya sabes, no puedes irte ni a la diestra ni a la siniestra de estas leyes o mandamientos.

Ya que su devoción terminaría irremediablemente por contradecirlas así mismas.

Es por eso que es tan importante como Seres tener valores personales, que no estén sujetos a alguna creencia religiosa, ya que estas generalmente son tergiversadas a su beneficio como organización.

Debes permitirte fluir a través de la existencia.

La única forma de llegar a ser parte de Él Gran Espíritu Divino, es viviendo la existencia a través de la bondad de nuestros corazones, aquella que está sujeta al propio raciocinio del Ser, el que nace con la predisposición

de servir a otros y empatizar con los demás.

Esto está implantado por Él Gran Espíritu Divino desde que nacemos, gracias a su propia esencia en nosotros.

Si algún día tienes la posibilidad de estar cerca de un recién nacido, podrás observar su empatía y bondad con los demás, siempre y cuando este se sienta cómodo con esas personas.

Pero si no, puedes usar tres juguetes u ositos de pcluches, puedes hacer que uno de estos peluches intente hacer algo, mientras que otro peluche lo ayude y el otro se lo impida de golpe.

Supongamos que el peluche 1 quiere meterse dentro de una cajita, el peluche 2 lo ayuda, pero el peluche 3 le quita cajita al peluche 1 de forma brusca y se mete él dentro de la cajita.

Observa su reacción ante la agresión del peluche 3 y luego, dale a elegir con que peluches quedarse.

Podrás notar, que la gran mayoría de bebes, que un no razona, gracias a la esencia de Él Gran Espíritu Divino, prefieren el peluche 2 por compasión, o el 1 por empatía, dejando de lado al peluche 3 rechazando su actuar.

Bajo esa misma esencia crecemos y si vemos a alguien hacer algo que socialmente no es correcto, lo rechazamos.

Ahora bien, este concepto de "lo correcto" suele scr manipulado a medida crecemos, haciéndonos aprobar conductas que normalmente rechazaríamos, todo depende del entorno en que nos desarrollemos.

Pero desde temprana edad, todo Ser nace con sentido de pertenecía con

el todo, los bebes no temen a nada porque saben que son parte de todo, aunque no conozcan el entorno en el que se están desarrollando.

Este es un ejercicio fundamental para predeterminar a tu hijo a un futuro de éxito basado en su flujo de energía mayoritaria.

Si prefiere al peluche por compasión, deberías fomentar todas aquellas profesiones que involucren que el individuo que la ejerza sienta compasión, y pueda servir y realizarse a través de ella, como una gran Ingeniero en Administración de Empresa; y quizás te preguntarás, cómo un Ingeniero puede nacer del éxito de la compasión, bueno, podría crear una empresa que ayude a empresas más pequeñas a realizarse, a constituirse y servir a la humanidad a través de su sentimiento base, esto hace

profesionales felices, cuando se desarrollan según su propia naturaleza.

Mientras que, si prefiere al peluche 1 por empatía, fomenta en él profesiones de empatía, como un Doctor, o Servidor Público.

Por otra parte, si tu bebe eligió el peluche 3, a ese bebe debes darle amor, abrazos y besos y ponerlo a percibir el amor en la cotidianidad, el amor a tú pareja, el amor tu animalito, el amor ti, ya que estos niños, que no sienten empatía, no están mal, pero si, no se desarrolló esa esencia vital que le permite coexistir, por eso tu trabajo es despertar ese sentimiento base a través del amor.

Hoy podemos ver Ingenieros, Doctores y Servidores Públicos sin ninguna vocación alguna, y por ende infelices con sus trabajos, llenos de deudas porque no se acondicionaron a

su esencia base para proyectar su existencia, y por eso fueron fácilmente acondicionados para perseguir un dinero que no los hace felices, no tienen el tiempo para gastarlo, y generalmente no lo disfrutan como deberían.

El dinero debe llegar a ti como resultado de la excelencia de tu realización.

Una vez que el Ser camina en esta tierra, ya está sometido a las leyes de Dios, y estas leyes se traducen en 9 leyes bajo la percepción humana.

Estas leyes son reflejo de las 9 leyes de Dios:

1. Ley de la Correspondencia

Todo lo que creas de ti, lo es, del mismo modo, todo lo que permites que pongas en tú cabeza, te lo crees y todo lo que ignoras no existe y lo que no aceptas no se proyecta en tú realidad. Si tienes un bebe repítele que hará grandes cosas en este mundo hasta que se lo crea y terminará haciendo grandes cosas a través del amor así mismo, amarse a sí mismo, es amar por sobre todas las cosas a ÉL Gran Espíritu Divino que habita dentro de él.

Esta ley también se conoce como ley de atracción, el principio de cómo es arriba es abajo, y, en resumen, quiere decir que todo lo que está en tú interior se proyecta en tú exterior creando tú realidad.

2. Ley Mentalismo

Esta ley te permite ejecutar la primera ley, ya que permite al universo manifestar tú conciencia según lo que creas de ti y el mundo que te rodea. Realizarte a ti mismo es la base de la vida, Dios vive a través de ti, y por eso no debes permitirte que otros predeterminen tú existencia, así también, tú no debes predeterminar la existencia de otros.

Esta ley es el reflejo de la segunda ley de Dios o mandamiento, no támaras el nombre del Dios que habita en otro ser en vano, permítele vivir su propia existencia.

3. Ley de vibración

Esta ley permite dirigir y materializar todo lo creas de ti, todo lo que llega a tú mente en forma de palabra, pensamiento o sentimiento, tiene la capacidad de la realización, ya que este comenzará a vibra para resonar en el universo y manifestarlo a través de ti.

Esta ley es el reflejo de la tercera ley de Dios que ordena no hacerse imagen ni semejanza de lo que hay allá arriba, porque la misma creación nace desde tú interior. Crearte un paraíso en el cielo te quitará poder a ti mismo sobre tú propia realización y Divinidad.

4. Ley de Causa y Efecto

Así como das, recibes, así como haces te realizas, así como dices te creas, esta ley habla de que todo en la existencia nace a través de una reacción en cadena provocada por una causa naciente del pensamiento, tienes una idea y se mantendrá allí, hasta que ejecutes la acción, esta acción es la causa de la proyección que termina siendo el efecto en la realidad.

Esta ley es el reflejo de la cuarta ley de Dios, acuérdate de tú Él Gran Espíritu Divino cuando ÉL te dé tú séptimo día, así como darás de tu bendición, se te dará.

5. Ley del Ritmo

Esta ley nos dice que todo tiene un ciclo, un período determinado, amanece y anochece, naces y transmutas, fracasas y triunfas, este ciclo de vida debes respetar, ya que solo es la percepción de la existencia en tan solo ese momento, todo cambia periódicamente.

Esta ley es el reflejo de la quinta ley de Dios, en la que honras los ciclos de tus padres, en realidad están honrando y respetando los ciclos de la existencia, así como ellos cuidaron tú existencia al llegar, tú debes cuidar su existencia al partir hacia el camino del retorno.

6. Ley de polaridad

Todo tiene un lado A y un lado B, todos tenemos la habilidad de estar en ambos lados según cual sea nuestra realidad en ese instante, blanco y negro, presa y depredador, asesino y víctima, la existencia fluye por ambas partes y mantiene el universo en equilibro.

Todo lo que no hagas para tus sueños, te alejará de este.

Esta ley es el reflejo de la sexta ley de Dios, no matarás y como ya sabes está sujeta al principio del equilibrio universal.

7. Ley de Género

Esta ley no dice que existe dos géneros en el universo, masculino y femenino, y que todo Ser debe permanecer en equilibrio entre ambos géneros para lograr la armonía.

Esta ley es el reflejo a de la séptima ley de Dios, que nos dice no debemos traicionarnos a nosotros mismos, fingiendo algo que no somos, con el propósito de buscar amor en el mundo externo.

8. Ley del Karma

Esta ley no dice que todo lo que hagamos a otros, retorna a nosotros incondicionalmente.

Esta ley es el reflejo de la octava ley de Dios, que nos ordena ser justo para que el propio universo sea justo con nosotros.

9. Ley de la reencarnación

Absolutamente nada, en este universo se destruye, muere, o perece de alguna manera, sino que toda forma de vida y su existencia se trasforma y trasmuta hacia un retorno inminente del alma con espíritu en constante realización.

Esta ley es el reflejo de novena ley de Dios, que nos ordena no juzgar, los seres que juzgas a otros seres, no suelen ser retornados, ya que la mayoría de estos no cumple ningún propósito para la existencia y como no tienen nada que

hacer, se ponen a señalar y juzgar a otro.

Si te puedes dar cuenta, todas las personas que están ocupadas realizándose a sí mismas, no tiene tiempo para ver la vida de los demás, por lo que, en la existencia de la realización, estos son los seres con propósito.

Todas y cada una de estas leyes nos afecta en el día a día creamos en ellas o no, su total obediencia bajo los parámetros de libertad del Ser en su realización y condición personal nos permitirá vestir de buenas vestiduras a nuestra alma, y así, al momento de enfrentar la trasmutación universal, no seamos desechados, sino que Él Gran Espíritu Divino, pueda ver a través de

nosotros, y concluir que fuimos buenos para la existencia en gran manera, permitiendo el retorno para continuar el propósito de la propia existencia.

Capítulo 9

El eterno retorno de los seres con propósitos.

"La muerte fue un concepto creado por el hombre para darle sentido de urgencia a la vida".

J. Ben. Avil.

No hay nada que teman más los seres sin propósito, que partir de este mundo si haber hecho algo, toda esa gente que te señalo, que hablo de ti, la gran mayoría de estos, terminará de rodillas en una iglesia clamando el

perdón por sus pecados, los cuales no son más que el quebrantamiento de todas las leyes de Dios.

Aquel que sabe que ha obrado mal, busca la aprobación externa para crear una percepción de salvación, la cual, la mayoría de las veces, solo es eso, una percepción para darle conformidad al alma que busca este perdón.

Estos actos de quebrantamientos vuelven a ti indudablemente, ya sea en esta vida o en la siguiente.

Existe un proceso universal de trasmutación en el que el alma y el espíritu se desprende del cuerpo, que es la muerte material que conocemos; tú Ser, se eleva a la dimensión astral gracias a la liberación de distintas sustancias predestinadas en tú cuerpo material, para ser liberadas al momento de la muerte.

Estas sustancias generan en ti un alto nivel de vibración, por lo que percibes la muerte como un acto de absoluta adrenalina.

Inundando tú mente, esta sustancia conocida como Dimetiltriptamina o DMT, está presente en el núcleo del pensamiento de todo ser viviente y tiene la particularidad de facilitar el despedimiento del Ser y elevar a este al plano astral.

Es por esta misma razón, que ciertos grupos de personas la usan como una droga alucinógena, mientras que otros Chamanes de tribus la usan en ritos para conectar con el Yo Superior o Él Gran Espiritu Divino, razón por la cual se le conoce también como la molécula de Dios.

Usada también, para reiniciar el cerebro en mentes depresivas, o exhortadas a la baja vibración.

Naturalmente, el Ser como humano, inunda su Ser con esta sustancia solo dos veces en su existencia, cuando llega y cuando parte, ya que tiene la función de permitir el ingreso del alma y su salida.

Lo que crea en el Ser, es una puerta energética a través de la vibración molecular de cuerpo de materia, lo que permite la contención del Ser en este.

En otras palabras, para que el alma y el espíritu deba entrar o salir de un cuerpo de materia, ambas deben vibrar al mismo nivel para crear la conexión de la existencia.

Una vez la energía entra a la materia, esta vibración baja por el minúsculo cambio de masa de la materia, pero este cambio minúsculo es suficiente para desequilibrar la

vibración y dejar la energía contenida dentro del cuerpo de materia.

Cuando una pareja se embaraza, aquellas que están más conectadas con su yo interno, suelen saber que están embarazados mucho antes de visitar al médico, porque perciben esta vibración, aún más, muchas madres generalmente que ya vivieron y experimentaron esta energía, solo les basta ver a alguien para saber que esta embaraza.

Esto no es adivinanza ni nada extraño, sino que esta vibración deja residuos de energía que al ser percibidas se reconoce como tal.

Cuando el cuerpo material es considerado viable por el propio universo, Él Gran Espíritu Divino, desprende de Él una parte de sí mismo, que termina siendo tú espíritu, para que este no se reconozca como tal, se duplica a si mismo y ese doble de

espíritu es tú alma, esta se sobre registra en el espíritu y crea un solo ser en blanco, limpio y puro.

Es decir, en un espíritu con alma sin memoria de donde vine ni porque está aquí.

Esto le permitirá al Ser, ejercer su libre albedrío y al Él Gran Espíritu Divino, desarrollar a través de este una existencia totalmente independiente de todas las demás.

Con cada Ser, este proceso se lleva a cabo, y con todo espíritu, ya sea humano, animal, vegetal o extraterrestre, provienen de la misma fuente, todos somos parte de uno y ese uno es Él Gran Espíritu Divino.

Por esta razón el principal propósito del Ser es servir, porque sirviéndose unos a otros, se están sirviendo así mismo.

Ahora, entiende una cosa muy importe, todos actos y acciones quedan registradas en tú alma, y este registro es lo que determina tú vestidura.

Cuando tengas que partir, saldrá de ti tú alma y tú espíritu, al llegar a la presencia del Ser que determinará tu retorno, dividirá este sobre registro, presenciando tú alma y tú espíritu y comparándolas entre ellas.

Tú espíritu, como viene de la fuente, siempre será puro y de vestiduras blancas por defecto, pero la que esta sucia es tú alma y a partir de estas manchas es que finalmente te juzgan, ya que estas, también definen tu vibración.

No hay infierno, sino abismo, y ese abismo es el bajo astral alejado de la luz y esta no puede entrar ahí ya que es una dimensión dentro de la propia

dimensión astral pero selladas por nivel de vibración.

Es decir, ningún Ser de baja vibración puede salir del bajo astral por sus medios cuando llegas ahí, como alma. De cualquier otra manera, puedes cambiar tu nivel de vibración y atravesar fácilmente entre las dimensiones de la existencia.

Y esto es por una sola razón, cuando un Ser viviente, vibra para pasar al mundo astral, desprende su Ser para llegar a cualquier de estos planos astrales, y retornar fácilmente cuando rompe esa vibración.

Pero cuando el alma fue desechada allí, llega ahí, como un solo Ser, desprendida por la acción de la transmutación y despojada de su espíritu para ser condenada allí, y por lo tanto este ser alma, no se puede desprender de nada para salir.

Ese bajo astral, también es regido por un ente, como todas las dimensiones de la existencia, la diferencia es, que aquí podemos ver la lucha universal del bien y el mal, que es la lucha de la luz contra la oscuridad.

Y es que, al parecer, este ente tiene un descabellado plan para hacer del universo, todo el bajo astral.

Este bajo astral es una dimensión de caos, donde ningún alma quiere ser sometida más de lo que ya está, por ende, varios entes quieres a su vez gobernar esa dimensión, aun que como al igual que el alto astral, también hay niveles en estos entes.

Este ente, se creó así mismo al imponerse la ley de causa y efecto, así como hay una energía de luz creadora, por consecuencia hay una energía de oscuridad destructora que permite la trasmutación de todos los elementos.

No puedes construir una casa nueva sobre una vieja, debes destruir la viaja primero para dar paso a lo nuevo.

Aquí podemos encontrar al que conocemos como el Diablo, este también es Espíritu Divino con gran poder y jerarquía dentro de la existencia, y su único propósito es reemplazar al Él Gran Espíritu Divino y hacer del universo su principal hogar.

Como las almas manchadas no retornan generalmente, estas se van acumulando, y esta acumulación es la que conocemos o percibimos como materia oscura y como en ella no puede entrar la luz; el plan de este ente es el siguiente.

Influir en tantas almas como sea posible, para que, al morir el Ser, esta alma no sea retorna, por ende, esta materia oscura o bajo astral, crezca en la expansión del universo, entre más

crezca esta metería oscura, menos posibilidad tendrá la luz de trasmitirse lo que provocara finalmente que el universo se congele y así acabar con la dimensión del alto astral de luz.

Aunque el propio universo tiene formas de regularse y mantener el equilibrio, para esto, se ha creado subdimensiones de desecho universal que esta fuera de todo tiempo y espacio por donde es absorbida el exceso de materia oscura para permitir la transmisión de la luz, estos accesos de subdimensiones la conocemos o percibimos como agujeros negros.

Mientras que, por otra parte, facilita el retorno a almas no tan manchadas para permitir el dharma.

Este dharma es una conducta sobre registrada al retorno del Ser, que le permite al Ser, percibir la vida bajo

una conducta más armónica para limpiar su alma en su nueva existencia.

Cuando vives en armonía con la naturaleza de la existencia, es más fácil acceder a este retorno, ya que, por lo general, estas almas, cuentan con vestiduras más limpias que las que esperan la oportunidad, mientras que predisponen su vida a un propósito, como salvar los ríos, hacer consciencia de la contaminación y cosas así.

Mientras que hay almas, ya evolucionadas, que incluso se les permiten retornar, sobre registrando sus memorias, y por eso podemos ver que existen personas que son consciente de su o sus vidas pasadas, estas generalmente son grandes servidores para la humanidad, o una comunidad en particular.

También existe, la posibilidad de realizar el retorno, en otro Ser, ya sea

animal, vegetal u en otro mundo, esto está sujeto al comportamiento del Ser en su existencia.

Sea como sea, Él Gran Espíritu Divino siempre retornara para ejercer la realización y con ello permitir la existencia.

Nuestro propósito en la vida es existir para servirnos unos a otros, a través de la servidumbre podremos alcanzar éxito de la realización personal o hasta el éxito financiero.

Todo el poder de Él Gran Espíritu Divino está contenido en tú interior, solo debes aprender a escucharte a ti mismo y comenzarás a fluir por las leyes que rigen la existencia.

Fin.

El Autor

También conocido por su seudónimo J. Ben. Avil, nació el año 1990 en Cañete, VIII Región del Bio-Bío, Chile.

Autor de dos trilogías tituladas "Yo, Azrael" y "Juan, Soldado de Dios" escritas durante sus primeros pasos como Escritor. Ambas novelas negras de narrativas fantásticas, publicadas entre los años, 2018 y 2019, cuyos derechos de propiedad intelectuales fueron vendidas durante el año 2021.

Estudió Administración Pública, Ingeniería en Ejecución en Administración de Empresas, Desarrollo de Aplicaciones Full Stack y Hacking Ético.

Actualmente, J. Ben. Avil. se desempeña entregando Soluciones Integrales para Empresas, a través de su propia Empresa de Servicios Constituida en Chile bajo su propio seudónimo.

Como todo Escrito, lleva su Oficio como una pasión personal por las letras y la literatura, dejando obras fundamentales para los lectores de alto valor.

Durante los años 2020-2023 publica las obras tituladas:

- Administración para la vida.
- El Gran Propósito de la vida.
- Él Gran Espíritu Divino.
- Poemas para la Tierra.

En su primer poemario titulado "Poemas para la Tierra", hace una recopilación de sus poemas para la tierra, escritos durante el período de los años 2020 – 2023. El poema titulado «Tierra» fue premiado durante el proyecto «Confluencia» que inspiró la creación de una ruta de murales en la Región Metropolitana, organizado por la galería de arte Metro 21 y el Gobierno Regional Metropolitano. Metro 21, Santiago, RM, Chile.

Una de sus mayores fortalezas es su capacidad de desarrollo creativo de sus ideas, y su implementación en los distintos aspectos de su vida.

Con el fin de Independencia y Autonomía, abrió su propio estudio Independiente para la publicación de obras. Haciendo un pequeño aporte a la cultura universal a través su empresa JBENAVIL ESTUDIO SpA.